Lamin Drammeh

WISDOM IN POETRY

IN POESIA SAGGEZZA

Prefazione e traduzione di Carlo Callone

EDA PERGINE 2015
Educazione degli Adulti - Istituto di
Istruzione "Marie Curie"

Prima edizione - maggio 2015

ISBN | 978-88-91190-19-2

L'immagine di copertina è tratta da:
http://www.morguefile.com/archive/display/581323

"Wisdom in Poetry" è stato realizzato presso il centro **EdA** (Educazione degli Adulti - Istituto di Istruzione "Marie Curie" di Pergine), durante il corso serale di Scuola Secondaria di Primo Grado, frequentato dall'autore da ottobre 2014 a giugno 2015.

LA POESIA DI LAMIN - PREFAZIONE

Quando scrivere diviene una passione nella vita, quando le parole crescono nella tua mente come funghi dopo la pioggia di eventi torrenziali che hai vissuto profondamente e tragicamente, quando scrivere poesie è natura seconda, allora nascono libri come questo che dicono con parole nuove cose antiche, esprimono il presente con la voce del passato, presagiscono il futuro con il dolore di ieri.

Nella poesia di Lamin entrano le speranze ed escono le paure, compare la gioia attraverso l'ironia e la visione serena di fatti pur angosciosi. Nel vero senso del suo universo di provenienza, l'Africa:

Un luogo dove tutti sorridono,
un luogo dove ognuno piange,
un luogo dove ognuno balla,
un luogo dove tutti cantano.[1]

Quasi una prosa poetica in cui l'anafora richiama "un luogo", quel luogo, come qualcosa di unico di speciale che porti nel cuore e non

---

[1] pag. 11

lasci mai perché è sì *"la terra della morte, della tristezza e della sofferenza…"*, ma anche e soprattutto *"la terra della vita, della felicità, e della benedizione!"*

Dall'Africa al mondo, quindi, come nella vita dell'autore che tenta, con i suoi versi, di dare le sue istruzioni per l'"uso" della vita:

Camminando in mezzo
alla strada della vita
affronterai molte sfide:
alcuni ti ameranno,
alcuni ti odieranno,
qualcuno ti loderà,
qualcuno avrà paura di te…[2]

Ecco un modo diverso e relativamente nuovo di intendere la poesia, alla ricerca di una nuova forma d'espressione che possa non rincorrere i tempi ma sopravanzarli.

Nella lettura ogni lettore troverà le sue risposte, vedrà i suoi orizzonti, scoprirà i suoi limiti, oppure meglio, limiti scoprirà di non averne e gli orizzonti, beh… quelli saranno sconfinati e luminosi perché:

---

[2] pag. 31

...nessuno ti può fermare, se non le tue azioni.[3]

Porta quindi con te un po' della poesia di Lamin, *"faccela stare"* nella vita di tutti i giorni, vedila ogni tanto attraveso i versi che abitano in queste pagine. Per non pensare di conoscere già la realtà della vita, essa sfugge a te, come a tutti gli altri, e può essere catturata davvero, almeno per un istante, dalle parole che escono dalla *penna sacra*[4] di questo poeta africano.

---

[3] pag. 115
[4] pag. 95

NOTA BIOGRAFICA

Lamin Drammeh nasce a Bakau (Gambia) nel 1985. La sua prima scuola è la "Saint Paul's Nursery School" che frequenta a partire dall'età di quattro anni. Studia così fino al 2006 conseguendo il diploma di scuola superiore. Nel 2007 si iscrive contemporaneamente a due università, studiando informatica al "Gambia Telecommunication & Multimedia Institute" e businness management al "Management Development Institute". Nel 2008 consegue il diploma "City & Guilds" come programmatore informatico.

Alla fine del 2008 si trova disoccupato, perciò fa molti lavori in nero come falegname, meccanico, muratore, ecc. A volte deve fare 7 km a piedi per andare al lavoro e… a volte lo pagano, a volte no.

Nel 2010 Lamin comincia a lavorare in un Internet Point che la sorella ha aperto nella sua città. Nel 2012 riesce ad aprire il suo Internet

Point dove lavora con i fratelli gemelli. Da gennaio a dicembre 2012 il lavoro è tanto e il guadagno pure. Lavorano quasi 24 ore al giorno e 7 giorni alla settimana. Anche nei giorni di festa il loro Internet Point rimane aperto.

Nel 2013 Lamin apre un secondo Internet Point in un'altra città. I fratelli continuano a lavorare nel primo centro, lui porta avanti il secondo. In quell'anno però Lamin ha problemi con il regime che governa il suo paese.

Lascia così il suo paese, la famiglia, gli amici e fugge in Libia dove gli viene riconosciuto lo stato di "rifugiato politico".

Purtroppo anche la Libia, con la fine di Gheddafi è cambiata in peggio e non c'è più posto per le persone di pelle nera, perciò Lamin affronta i pericoli di un viaggio per mare. Dopo tre giorni terribili in barcone arriva ad Augusta in Sicilia.

Il 31 ottobre 2013 viene trasferito a Messina e, dopo 27 giorni, a Gioiosa Ionica. Rimane in Calabria 4 mesi e viene infine trasferito a Trento il 13 marzo 2014. Dopo 6 mesi di permanenza a Trento si reca a Gorizia per fare richiesta di asilo politico. Gli viene riconosciuto lo stato di rifugiato per cinque anni.

WISDOM IN POETRY

IN POESIA SAGGEZZA

AFRICA

A place where the sun shines,
From winter to summer
To spring and fall.
A place where the coconut leaves
Dance to the rhythm of the wind.
A place where the river provides
Free fish for everyone.

Africa, a house full of human
And nautical resources:
Diamonds,
Golds,
Silvers,
Rubies,
Shining everywhere

A place where everyone smiles,
A place where everyone cries,
A place where everyone dances,
A place where everyone sings.

Gal gaang ci rewmi,
Gal gaang ci gagbi,
Eleg ci suba teel
Dineng dem kombo.

Africa, the house
That feeds other houses,

AFRICA

Un luogo dove il sole splende,
dall'inverno all'estate
fino alla primavera e all'autunno.
Un luogo dove le foglie di cocco
danzano al ritmo del vento.
Un luogo dove il fiume offre
pesce gratis a tutti.

Africa, una casa piena
di risorse umane e marine:
Diamanti,
Oro,
Argento,
Rubini,
che brillano ovunque

Un luogo dove tutti sorridono,
un luogo dove ognuno piange,
un luogo dove ognuno balla,
un luogo dove tutti cantano.

Gal gaang ci rewmi,
Gal gaang ci gagbi,
Eleg ci Suba teel
Dineng Kombo dem.

Africa, la casa
che nutre le altre case,

Africa, the house that
Other houses always steal from,
Africa, the motherland
Of the black child,
Africa, my homeland!

They say Africa is
The poorest
The weakest
The filthiest
The land of death, sadness
And suffering…

I say Africa is
The richest
The strongest
The greatest
The land of life, happiness,
And blessing!

Without western media,
Without western colonialism,
Without western men in jacket
And tie but intelligent thieves…

I say if Africa
Never existed,
The whole world
Would have been a slum…

Africa, la casa da cui
le altre case rubano sempre,
Africa, la patria
del bambino nero,
Africa, la mia patria!

Dicono che l'Africa è
la più povera,
la più debole,
la più sporca,
la terra della morte, della tristezza
e della sofferenza…

Io dico che l'Africa è
la più ricca,
la più forte,
la più grande,
è la terra della vita, della felicità,
e della benedizione!

Senza i media dell'Occidente,
senza il colonialismo occidentale,
senza gli uomini dell'Occidente,
in giacca e cravatta, ma ladri intelligenti...

Io dico che, se l'Africa
non fosse mai esistita,
il mondo intero
sarebbe stato un tugurio…

For more than four hundred years
They're stealing from my mother,
But she still have more riches…

They call her names,
But she still smiles
They tried to break
Her back bones
But she still stands strong!

Africa, you are
The apple of my eye,
The source of my wisdom,
The creator of my spirit!

Da più di quattrocento anni,
stanno rubando a mia madre,
ma lei ha ancora più ricchezza…

Chiamano i suoi nomi,
ma lei sorride ancora,
hanno cercato di romperle
le ossa della schiena,
ma lei è ancora in piedi, forte!

Africa, tu sei
la pupilla dei miei occhi,
la fonte della mia saggezza,
la creatrice del mio spirito!

LIFE

If you don't know the meaning of life,
You will find it hard to distinguish between
Good and evil,
Blessing and curse,
Darkness and light…

If your heart is saturated with hate,
Rage will become your permanent mood.
And you will always find it hard
To credit others for their positive actions.

Instead of crediting people
You will always be discrediting them,
For you don't know what is wrong or right…

You will find it hard to appreciate blessings,
Your life will be filled with sadness
When you could live to understand and appreciate life
You never know that the little things
You do to others.
Will come back to you in a cycle…
Your happiness depends
On how you live with others.

VITA

Se non conosci il senso della vita,
troverai difficile distinguere tra
il bene e il male,
benedizione e maledizione,
oscurità e luce…

Se il tuo cuore è saturo di odio,
la rabbia sarà il tuo stato d'animo permanente.
E troverai sempre difficile
dare merito agli altri per le loro azioni positive.

Invece di dar merito alle persone,
sarai sempre lì a screditarle,
perché tu non sai che cosa è giusto o sbagliato…

Troverai difficile apprezzare le benedizioni,
la tua vita sarà piena di tristezza
quando potevi vivere per capire e apprezzare la vita.
Tu non sai mai se le piccole cose
che tu fai agli altri
torneranno a te in un ciclo:
la tua felicità dipende
da come tu vivi con gli altri.

THE GENIUS

Everyday I play with words.
What am I doing?
I always ask myself.
Before I know,
It becomes something presentable.
Strange words,
Big words,
Romantic words,
Words definable and
Words understandable,
Sometimes controversial words.

I always ask myself,
What's the essence of writing,
Writing something unpresentable.
Writing something incomprehensible.
Like the power of witchcraft,
Seems extraordinarily powerful,
But probably never existed.
I believe.

Every day I play with words.
What am I doing?
I always ask myself.
Sometimes I can't bear,
The pain in unpleasant words.
But I still listen.
In my vocabulary sac,
I kidnap sweet words.

IL GENIO

Ogni giorno io gioco con le parole.
Che cosa sto facendo?
Sempre me lo chiedo.
prima di saperlo
Diventa qualcosa di presentabile.
strane parole,
parole grandi,
parole romantiche,
parole definibili e
parole comprensibili,
parole a volte controverse…

Me lo chiedo sempre,
qual è l'essenza della scrittura,
scrivere qualcosa di impresentabile.
Scrivere qualcosa di incomprensibile.
Come il potere della stregoneria,
sembra estremamente potente,
ma forse non è mai esistito.
Io credo.

Ogni giorno io gioco con le parole.
Che cosa sto facendo?
Sempre me lo chiedo.
A volte non posso sopportare
il dolore nelle parole sgradevoli.
Ma ascolto lo stesso.
Dal sacco del mio vocabolario
rapisco parole dolci.

In my words recycler,
I turn unpleasant words edible.

I listen with conscience.
That means,
I fight,
I wait,
I think,
I think I can't stop talking,
Even if people can't find
Honey on my tongue.
Someday they will,
I never feel shy of talking.
I'll never learn,
If I'm shy.
I'll never learn,
If I'm scared of making mistakes.
I believe.

Every day I play with words.
What am I doing?
I always ask myself.
Seeing shadows of my eyes,
In every book I open.
New scripts,
New telegrams,
New jargon...
My mouth crawls on new words,
Like a chameleon. But,
Perfection come from long struggles.
I believe.

Nel mio riciclatore di parole,
rendo commestibili le parole sgradevoli.

Ascolto con coscienza.
Ciò significa:
Io combatto,
io aspetto,
io penso che,
penso che non posso smettere di parlare,
anche se la gente non riesce a trovare
il miele sulla mia lingua.
Un giorno lo troverà,
io non ho mai paura di parlare.
Non imparerò mai,
se sono timido.
Non imparerò mai,
se ho paura di sbagliare.
Io credo.

Ogni giorno io gioco con le parole.
Che cosa sto facendo?
Sempre me lo chiedo.
Vedendo le ombre dei miei occhi,
In ogni libro che apro.
Nuovi scritti,
nuovi telegrammi,
un nuovo gergo ...
la mia bocca striscia su nuove parole,
come un camaleonte. Ma
la perfezione viene da lunghe lotte.
Io credo.

Once I write better,
Once I read better,
Once I speak better,
I'll get more audience.

Like honey bees,
Running after my sweet tongue.
We can't be a genius overnight.
We only can exercise our brains,
To gradually become the genius.

I believe.

Se scrivo meglio,
se leggo meglio,
se parlo meglio,
avrò più pubblico.

Come il miele le api,
inseguendo la mia dolce lingua.
Non possiamo essere geni in una notte.
Possiamo solo esercitare il nostro cervello,
per diventare geni un po' alla volta.

Io credo.

LOVE

Not everyone will appreciate your lovely voice,
Not everyone will recognize your shadow,
Not everyone will follow your footsteps
Not everyone will do the good things
I've done for you…

You are beautiful just the way you are
I appreciate every moment I spend with you,
Your heart belongs to my pair of hearts,
That makes me feel complete,
I love your heart beating in my chest…

Time and time again
I miss your company
I miss your energy
I miss your love

Don't get me wrong when I say
I love your color:
It's not your skin color
But the beautiful colors
of love that paints your heart

It's not your skin color
that will sit beside me,
But that pure blood of peace
that flows in your heart.
Together we sat side by side,
watching the sun going down

AMORE

Non tutti apprezzeranno la tua bella voce,
non tutti riconosceranno la tua ombra,
non tutti seguiranno le tue orme,
non tutti faranno le cose belle
che ho fatto per te…

Tu sei bella solo come sei,
apprezzo ogni istante che passo con te,
il tuo cuore è uno dei miei due cuori,
questo mi fa sentire completo,
amo il tuo cuore che batte nel mio petto…

Da tanto tempo
mi manca la tua compagnia,
mi manca la tua energia,
mi manca il tuo amore!

Non fraintendermi quando dico
che amo il tuo colore:
non è il tuo colore della pelle,
ma i bei colori d'amore
che tingono il tuo cuore.

Non è il colore della tua pelle
che siederà accanto a me,
Ma il sangue puro della pace
che scorre nel tuo cuore
Insieme ci siamo seduti fianco a fianco
a guardare il sole che va giù…

Just like a dove,
If it's afraid of men
And it keeps running and flying
It will never know if men have for it
A stone or a piece of bread,
You must not be afraid of me
Just listen to me with
Open mind
Open heart
Open eyes.

Don't think that I am rude
When I describe your beauty,
I only speak my heart
In the absence of my mind…

It's not my fault,
you only have to blame your beauty!
Look into my eyes,

They are the windows to my heart
Lips can lie
But my eyes can't.

I used to believe that
Women are like fire:
The hotter they appear,
The more dangerous they become

You proved me wrong…
You showed me that true love exists in you,

Proprio come una colomba,
se ha paura degli uomini
e continua a correre e volare,
non saprà mai se gli uomini hanno per lei
una pietra o un pezzo di pane.
Tu non devi avere paura di me
solo ascoltami con
mente aperta,
cuore aperto,
occhi aperti.

Non pensare che sono maleducato,
quando descrivo la tua bellezza,
faccio solo parlare il mio cuore,
nell'assenza della mia mente...

Non è colpa mia,
devi solo biasimare la tua beltà...
Guardami negli occhi!

Sono le finestre per il mio cuore,
le labbra possono mentire,
ma i miei occhi non possono.

Ero solito credere che
le donne sono come il fuoco:
più calde appaiono
più pericolose diventano...

Hai provato che sbagliavo,
mi hai mostrato che il vero amore esiste in te,

I remember you telling me
That you were my guardian angel.
Now I realize that
All you were saying was true.

That's why I proudly hold your hand
Walk with you in the streets,
Make you laugh even when,
You aren't in the mood of smiling,
Carry you on my back
which makes others wish
they were in our position…

Make you feel like a lady,
Lift you up when you feel down…

Look into my eyes,
Feel free when I approach you…
Don't be shy,
Smile and laugh out loud,
Be happy, knowing that you're always in my life…

ricordo che mi dicevi
che eri il mio angelo custode.
Ora mi rendo conto
che tutto quello che dicevi era vero.

È per questo che con orgoglio ti tengo la mano,
cammino con te per le strade,
ti faccio ridere anche quando
non hai voglia di sorridere,
ti porto sulla schiena
cosa che fa desiderare agli altri
di essere al nostro posto…

Ti faccio sentire come una signora,
ti tiro su quando ti senti giù…

Guardami negli occhi
sentiti libera quando mi avvicino…
Non essere timida,
sorridi e ridi forte,
sii felice, sapendo che tu sei sempre nella mia vita…

THE ROAD OF LIFE

Walking on the middle
of the road of life
You'll face many challenges
Some people will love you
Some people will hate you
Some people will praise you
Some people will fear you

Because you have goodness inside you
That you yourself may not realize,
For a good person do good things
Without realizing it.

Don't treat people as bad as they are,
Treat them as good as you are
You will be rewarded according to your deeds
The good things you do to others
Shall let you enter the greener pasture.

You are not perfect,
And you do not have to try to be!
Keep doing good to others,
Be patient and your reward
will come sooner or later
Never give up on doing good…
For no matter how long it rains,
A beautiful sunshine will surely follow.
If not today, tomorrow is another day…

LA STRADA DELLA VITA

Camminando in mezzo
alla strada della vita
affronterai molte sfide:
alcuni ti ameranno,
alcuni ti odieranno,
qualcuno ti loderà,
qualcuno avrà paura di te…

Perché hai la bontà dentro di te
e tu stesso non lo sai,
perché i buoni fanno cose buone
senza rendersene conto.

Non trattare la gente per come è cattiva,
trattala per come è buona,
avrai una ricompensa per le tue azioni,
il bello è che ciò che farai per gli altri
ti farà entrare nel pascolo più verde

Non sei perfetto,
né devi tentare di esserlo!
Continua a fare del bene agli altri
sii paziente e la tua ricompensa
arriverà prima o poi.
Non rinunciare mai a fare del bene,
perché non importa quanto a lungo piove,
un bel sole certo seguirà.
Se non oggi, domani è un altro giorno…

MUSIC IS LIFE

Life is like a heartbeat monitor:
When it's not going up and down
Then you are dead…

Life is like a music.
Without music there's no life…
All our muscles dance
to the rhythm of our heartbeats,
When our hearts stop beating the drum,
Our muscles also stop dancing

If people have gone mad in doing evil
So evil that our hearts can no longer
listen to the good things from our minds,
Then the whole genetic system
Of mankind needs restructuring.

Live your life as happy as you can,
Smile now as you have the chance to,
You can't smile in your casket,
Dance to the music of life!

Be True to life and life will be true to you,
Remember, life is how you define it,
Play joyfully while the sun's still shining,
Sleep peacefully while the moon's bright…

LA MUSICA È VITA

La vita è come il monitor del cuore:
quando non sta andando su e giù
allora sei morto…

La vita è come una musica.
Senza musica non c'è vita…
Tutti i nostri muscoli danzano
al ritmo dei nostri battiti cardiaci.
Quando i nostri cuori non battono più il tamburo,
anche i nostri muscoli smettono di ballare…

Se le persone sono impazzite nel fare il male,
così tanto male che il nostro cuore non può più
ascoltare le cose buone dalle nostre menti,
allora l'intero sistema genetico
dell'umanità ha bisogno di ristrutturazione.

Vivi la tua vita più felicemente che puoi,
sorridi adesso che puoi farlo,
non potrai sorridere nella bara,
danza alla musica della vita!

Sii fedele alla vita e la vita sarà fedele a te,
ricorda, la vita è come tu la definisci,
gioca con gioia mentre il sole ancora splende,
dormi in pace mentre la luna brilla…

Happiness is laughing the whole day
And sleeping the whole night,
We only need a medicine
When we laugh out loud for no reason.

If not, laughing is
a good medicine for our hearts…

La felicità è ridere tutto il giorno
e dormire tutta la notte,
abbiamo solo bisogno di una medicina,
quando si ride ad alta voce per nessun motivo.

Altrimenti, ridere è
una buona medicina per i nostri cuori...

DON'T BLAME...

Don't blame life,
Blame how you live it.

Don't blame love,
Blame who you give it to.

Don't blame friends,
Blame how you treat them.

Don't blame God,
Blame how you worship Him.

A man who is looking for money to live
Will find life in tranquility.

A man who is looking for money to be happy
May never find happiness.

A man who always break other people's heart
Will never have a peaceful mind.

A man who is looking for a perfect friend
will end up being lonely..

A man who is not grateful for blessings
Will not be grateful to God.

NON PRENDERTELA CON...

Non prendertela con la vita,
prenditela per come la vivi.

Non prendertela con l'amore,
prenditela con chi ami.

Non prendertela con gli amici,
prenditela per come li tratti.

Non prendertela con Dio,
prenditela per come Lo veneri.

Un uomo che cerca i soldi per vivere
avrà una vita tranquilla.

Un uomo che cerca i soldi per essere felice
mai può trovare la felicità.

Un uomo che spezza sempre il cuore degli altri
mai potrà avere la mente in pace.

Un uomo che cerca l'amico perfetto
finirà per essere solo.

Un uomo che non è grato per le benedizioni
non sarà grato a Dio.

IN THE OCEAN OF HAPPINESS

In the *Ocean of Happiness,*
We put our love.
Our hearts,
Are our boat.
Wind of Joy,
Is our captain.
Directing us to the
Paradise of Harmony.

In the *Ocean of Happiness,*
We sail peacefully.
Captain *Joy*,
Will never deceive us.

Our hearts shall
Never drown,
In the *Ocean of Happiness,*

Through rough waves,
Through dangerous storms,
We stay faithful.

In our captain,
We have faith.
Our flesh will never be
Eaten by sharks,
In the *Ocean of Happiness,*

In my warm arms,

NELL'OCEANO DELLA FELICITÀ

Nell'*Oceano della Felicità,*
abbiamo messo il nostro amore.
I nostri cuori,
sono la nostra barca,
Vento di Gioia,
è il nostro capitano.
che ci conduce al
Paradiso di Armonia.

Nell'*Oceano della Felicità,*
navighiamo pacificamente.
Capitan *Gioia*,
non potrà mai ingannarci.

I nostri cuori mai
annegheranno
nell'*Oceano della Felicità.*

Attraverso onde tempestose,
attraverso tempeste pericolose,
restiamo fedeli.

Nel nostro capitano,
abbiamo fede,
la nostra carne mai sarà
mangiata dagli squali
nell'*Oceano della Felicità,*

Nelle mie braccia calde,

I hold her. Her ribs,
Against my ribs.
On my chest,
She put her head,
Listening to the music
Of my heartbeat.

Together we sit,
Gazing at the sun
As it falls at the end
of the *Ocean of Happiness,*
Quietly enjoying
Each other's company,
As Captain *Joy*
Lead us through.

la tengo. Le sue costole
contro le mie.
Sul mio petto,
appoggia la testa
e ascolta la musica
del mio cuore che batte.

Sediamo insieme,
guardando il sole
che tramonta alla fine
dell'*Oceano della Felicità,*
godendo in pace
della compagnia reciproca,
mentre Capitan *Gioia*,
ci fa da guida.

POLITICS

People with their behaviors,
Lamin with his words,
Life with its beauty,
God with His plans,
Men with their thoughts…

Kids with their ice creams,
Girls with their make-ups ,
Boys with their games,
Parents with their hard work,
Women with their tricks…

The sky with its galaxy,
The river with its waves,
The flower with its colors,
The mountain with its height…

Chinese with their karate,
Africans with their frustrations,
Europeans with their education,
Americans with their war plans
Asians with their beliefs.

Supremacy is only to God,
Success requires education,
Happiness is making others happy.
Life is what you make it,
The garden of wealth, love
and harmony is life.

POLITICA

Le persone con i loro comportamenti,
Lamin con le sue parole,
La vita con la sua bellezza,
Dio con i suoi piani,
Gli uomini con i loro pensieri.

I bambini con i loro gelati,
le ragazze con i loro trucchi,
i ragazzi con i loro giochi,
i genitori con il loro duro lavoro,
le donne con i loro inganni…

Il cielo con la sua galassia,
Il fiume con le sue onde,
Il fiore con i suoi colori,
La montagna con la sua altezza.

I Giapponesi con il loro karate,
gli Africani con le loro frustrazioni,
gli Europei con la loro educazione,
gli Americani con i loro piani di guerra,
gli Asiatici con le loro credenze.

Supremazia è solo per Dio,
Il successo richiede educazione,
la felicità è rendere felici gli altri.
La vita è quello che ne fai tu,
il giardino della ricchezza, amore
e armonia è la vita.

Unfortunately, I don't have time
for individual enemies…
It's people in politics that I address:
Whenever the thief succeeds,
gas and food prices goes up.

Things remain the same
even when the thief is caught.
Frustration grows bigger and stronger
into the hearts of the poor…

Purtroppo, non ho tempo
per i singoli nemici.
Mi riferisco ai politici:
ogni volta che il ladro ha successo,
il prezzo del gas e del cibo va su.

Le cose rimangono le stesse
anche quando il ladro viene preso.
La frustrazione diventa più grande e più forte
nei cuori dei poveri…

I AM A MAN

I love my life,
I love the life of my family.

I love to see every African living a happy life,
I love to see the world
On the right side of universal love.

I care about the legal system
and people behind bars,
I care about motherless children,
especially those in the streets of Africa.

I care about homeless people,
especially those in the black streets of the ghetto,
I care about pregnant women,
for the lives of their unborn babies
could bring the change we are yearning for.

I believe in change,
I believe in democracy,
I believe in equal justice,
I believe in freedom of expression…

I hate ill treatment,
I hate death sentence,
I hate dictatorship,
I hate going to jail

IO SONO UN UOMO

Amo la mia vita,
amo la vita della mia famiglia.

Mi piace vedere ogni africano vivere una vita felice,
mi piace vedere il mondo
dal giusto lato dell'amore universale.

Mi interessa il sistema giuridico
e le persone dietro le sbarre.
Mi interessano i bambini senza madre,
in particolare quelli per le strade dell'Africa.

Mi preoccupo per i senzatetto,
in particolare quelli nelle strade del ghetto nero,
Mi preoccupo per le donne in gravidanza,
perché la vita dei loro bambini non ancora nati
potrebbe portare il cambiamento che speriamo.

Credo nel cambiamento,
credo nella democrazia,
credo nella giustizia equa,
credo nella libertà di espressione….

Odio i maltrattamenti,
odio la condanna a morte,
odio la dittatura,
odio andare in galera.

.

Am not afraid of a flesh on earth,
Am not afraid of the police,
Am not afraid of jail cells,
Am not afraid of death…

I've been to hell and back,
I've seen the lightening flashed,
I've heard the thunder roar,
I've seen death, but not my time to go…

I like children, especially when they smile,
I like chocolates, especially from girls,
I like dancing, even though am afraid,
to break my bones,
I like biting girls cheeks ,
when they act stubborn…

I can't worship hate,
I can't raise my voice on women,
I can't stop being real to myself,
I can't snore while walking…

You'll never be disappointed in life,
If You Never Expect Anything From Anyone.

You'll never find happiness behind bars,
You'll never get mercy from people,
If you have no mercy for others.

You'll never win the heart of a lady
If you can't win your own heart…

Non ho paura di carne sulla terra,
non ho paura della polizia,
non ho paura delle celle di un carcere,
non ho paura della morte…

Sono stato all'inferno e ritorno,
Ho visto la luce del lampo,
Ho sentito il tuono rombare,
Ho visto la morte, ma non il mio tempo di andare.

Mi piacciono i bimbi, soprattutto quando sorridono,
mi piace il cioccolato, in particolare dalle ragazze,
mi piace ballare, anche se ho paura,
di rompere le mie ossa,
mi piace mordere le guance delle ragazze
quando agiscono in modo ostinato.

Non posso adorare l'odio,
non posso alzare la voce con le donne,
non riesco a smettere di essere vero per me,
non riesco a russare mentre cammino.

Non sarai mai deluso nella vita ,
se non ti aspetti niente da nessuno.

Non troverai mai la felicità dietro le sbarre,
non avrai mai la pietà degli altri
se tu non avrai pietà per gli altri.

Non potrai mai conquistare il cuore di una donna,
se non puoi conquistare il tuo cuore…

IN MY HEART

Beside my window I stood,
Lights went off,
My image lost in the dark,
My words buried inside me.

Staring at the dark night,
Listening to the silent city,
Inhaling its cool oxygen,
Talking to its fallen tears…

My homeland,
My homeland…

I took few steps inside my heart,
I found a bright light inside,
A big living and bed rooms for all,
I felt lonely inside my own heart.

Few steps out of my heart,
I entered my mind,
I saw a multitude
of different sets of people inside,
I looked at all of them with an equal sight…

Tears didn't give me joy,
Joy gave me tears,
My face became wet,
My sadness evaporated…

NEL MIO CUORE

Ero vicino alla mia finestra,
le luci si spensero,
la mia immagine persa nel buio,
le mie parole sepolte dentro di me.

Fissando la notte oscura,
ascoltando la città silenziosa,
inalando il suo fresco ossigeno ,
parlando alle sue lacrime cadenti…

La mia patria,
la mia patria…

Ho fatto qualche passo dentro il mio cuore,
ho trovato una luce intensa all'interno,
un grande soggiorno e camere da letto per tutti,
mi sentivo solo dentro il mio cuore.

A pochi passi dal mio cuore
sono entrato nella mia mente,
ho visto tanti
gruppi diversi di persone all'interno,
ho guardato tutti con uno sguardo identico.

Le lacrime non mi diedero gioia,
gioia mi diede lacrime,
il mio viso si bagnò,
la mia tristezza evaporò…

A lonely heart but a famous mind,
Like an ocean full of fish,
An ocean without fishermen,
Whatever happens, secretly I say:

Smile Lamin,
Smile Lamin!

The glittering flash of my teeth ,
The shiny flesh of my lips,
The beautiful shape of my cheeks,
The golden rays of my eyes
Provide blessings,
Paint colors of love in many hearts,
Awaken the sleepy hearts,
Create a relief for the weak heart.

The silence of the night,
I could hear my heart beat,
The darkness of the place,
I couldn't see my soul…

The tranquility of the indigenous
Makes me feel lonely.
The tears of the dark city
Make me feel cold

Birds they all sing,
For your smile we long for,
By your words we are inspired,
For you we sing:

Un cuore solitario, ma una mente famosa
come un oceano pieno di pesce,
un oceano senza pescatori,
qualunque cosa accada, segretamente dico:

Sorridi Lamin,
sorridi Lamin!

Il lampo scintillante dei miei denti,
la carne lucida delle mie labbra,
la bella forma delle mie guance,
I raggi dorati dei miei occhi
donano benedizioni,
dipinge i colori d'amore in molti cuori,
risvegliano i cuori assonnati,
creano sollievo per il cuore debole.

Il silenzio della notte,
ho potuto sentire il mio cuore battere,
l'oscurità del luogo,
non ho potuto vedere la mia anima…

La tranquillità degli indigeni
mi fa sentire solo.
Le lacrime della città buia
mi fanno sentire freddo.

Gli uccelli cantano tutti,
desideriamo il tuo sorriso,
dalle tue parole siamo ispirati,
per te cantiamo:

"Be happy!

Be happy!

Be free!

Be free!"

I scratched deep inside myself,
I saw a promising brighter day
approaching ,
I stretched my arm to grab it.
It seemed a bit far,
like a smoke coming from a distance

As struggle continues victory is certain,
Sooner or later I will meet this day.

I paused for a deep breathe,
I took a nap to relieve my soul,
I felt emotional but not sad.

Drew back from my window
Bowed over a coffee cup:
"Better days
Better days" - I sing…

If you're looking for money to live,
You will live long,
If you're looking for money to be happy,
You may never find happiness…

"Sii felice!

Sii felice!

Sii libero!

Sii libero!"

Scavai in profondità dentro di me,
vidi un giorno più chiaro
e promettente avvicinarsi,
allungai il braccio per afferrarlo.
Sembrava un po' lontano,
come un fumo proveniente da lontano…

Mentre lotta continua, vittoria è certa,
prima o poi incontrerò questo giorno.

Mi fermai per un respiro profondo,
feci un sonnellino per alleggerire la mia anima,
mi sentivo emozionato, ma non triste.

Mi ritrassi dalla mia finestra,
mi inchino davanti a una tazza di caffè,
"giorni migliori,
giorni migliori" - io canto…

Se sei alla ricerca di soldi per vivere,
vivrai a lungo,
Se sei alla ricerca di soldi per essere felice,
non potrai mai trovare la felicità…

THE BUTTERFLY

As silent as the life of a butterfly
The beauty of its colors
When it starts flying…
The tranquility of its movement,
That great view of its beauty
On the rose flower!
A magnificent creature which
Waves its wings in silence,
Move its legs in silence,
Breathe in silence,
Eat in silence…

Its presence in the garden brings joy to flowers,
It may stay long on a flower
Have a good relationship with a flower,
But, like in any other relationship,
Flowers will miss the absence
Of the butterfly in the garden.
And the butterfly will miss
The absence of flowers in the garden.
Since no condition is permanent,
And there's a season for everything ,
Time and time agai,n
The butterfly and the flower
Will surely meet again.

Both the butterfly and the flower know that
We start to fail when we feel discouraged!

Patiently they wait for each other.

LA FARFALLA

Com'è silenziosa la vita di una farfalla,
la bellezza dei suoi colori
quando si mette a volare.
La tranquillità del suo movimento,
quella grande vista della sua bellezza
sul fiore rosa!
Una magnifica creatura che
sventola le sue ali in silenzio,
muove le zampe in silenzio,
respira in silenzio
mangia in silenzio…

La sua presenza nel giardino porta gioia ai fiori,
lei può rimanere a lungo su un fiore,
avere un buon rapporto con un fiore,
ma, come in ogni altra relazione,
ai fiori mancherà la presenza
della farfalla in giardino.
E alla farfalla mancherà
la presenza di fiori nel giardino,
poichè nessuna condizione è permanente
e c'è una stagione per tutto.
Più e più volte nel tempo,
la farfalla e il fiore
di sicuro si incontreranno ancora.

Sia la farfalla che il fiore sanno che
iniziamo a fallire quando ci sentiamo scoraggiati!

Pazientemente si aspettano l'un l'altra…

GUNS

How would the world be
If everyone's selling bread,
Instead of some selling guns?
The gun only increase
the blood stain.

I wish that those cold hearted fools
Can stop the gun fights
and start promoting peace
Without no lie inside their hearts!

We can be good friends instead of enemies

Use your words as a guideline for yourself,
How can you be promoting peace
while your heart is filled with conflict?

Trying to convince brothers with your lies?

Kids lose their lives
to gunmen driving by…

Every time I walked on the sidewalk
I felt sad seeing chalk line
of kids dead body drawn on the road.
I never can understand why
every society turns psychiatric

If you love your kids and your family,
Why would you take the lives

ARMI

Come sarebbe il mondo
se ognuno vendesse pane
anziché vendere armi?
Le armi non fanno che aumentare
la macchia del sangue.

Spero che quei pazzi insensibili
fermino gli scontri a fuoco
e comincino a promuovere la pace
senza più bugie dentro i loro cuori!

Possiamo essere buoni amici invece di nemici

Usa le tue parole come una guida per te stesso,
come puoi sostenere la pace
se il tuo cuore è pieno di conflitti

Cercare di convincere i fratelli con le tue bugie?

I bambini perdono le loro vite
per uomini in armi che passano in macchina.

Ogni volta ho camminato sul marciapiede
mi son sentito triste nel vedere la linea di gesso
dei corpi di bambini morti tracciata sulla strada.
Non potrò mai capire perché
ogni società impazzisca…

Se ami i tuoi figli e la tua famiglia,
perché ti prendi la vita

of other people's kids?

If you love and respect your parents,
why would you disrespect old people
you meet in the street?

Only if we reset our mindset
The world will be a better place.

The bullet is hard, costly
and it only cause tears.

Leave it!

The heart is soft
and cost nothing to please it.

Grab it!

dei bambini altrui?

Se ami e rispetti i tuoi genitori,
perché manchi di rispetto agli anziani
che incontri per la strada?

Solo se azzeriamo la nostra mentalità,
Il mondo sarà un posto migliore

Il proiettile è duro, costoso
e può solo causare lacrime.

Lascialo perdere!

Il cuore è morbido
e non costa nulla compiacerlo.

Prendilo!

RESPECT

Teach me how to write, but
Don't tell me what to write…

No one is perfect, but
Everyone is unique.

Teach me how to walk, but
Don't tell me where to go…

I wonder what's the reward for angels,
And where do devils go when they die.

Teach me how to talk, but
Don't tell me what to say…

No one knows all, but
Everyone has his own life experience.

Teach me about life, but
Don't tell me how to live it…

If the danger of the darkness
Makes you feel scared to speak your mind,
I guarantee you will never see
The light you want to be…

Teach me how to learn, but
Don't tell me what to know…

If you want to learn, anything can help you, but
If you don't want to learn, nothing can help you.

RISPETTO

Insegnami come scrivere, ma
non dirmi cosa scrivere…

Nessuno è perfetto, ma
ognuno è unico.

Insegnami a camminare, ma
non dirmi dove andare…

Mi chiedo qual è la ricompensa per gli angeli
e dove vanno i diavoli quando muoiono…

Insegnami come parlare, ma
non dirmi cosa dire…

Nessuno sa tutto, ma
ognuno ha la sua esperienza di vita.

Insegnami la vita, ma
non dirmi come viverla…

Se per il pericolo del buio
hai paura di dire cosa pensi,
ti assicuro che mai vedrai la luce che tu vuoi essere.

Insegnami come imparare, ma
non dirmi cosa sapere…

Se vuoi imparare, qualsiasi cosa può aiutarti, ma
Se non vuoi imparare, nulla ti può aiutare.

WISDOM IN POETRY

You're more than what I think you are,
I'm more than what you think I am…

Try to understand that I am not perfect,
I understand you by reading your mind
from your first word…

The most dumb among us is the person
Who says he knows everything,
Even the inspired ones are seeking inspiration.
The genius asks more questions,
Only a fool is proud of his misunderstanding.

Life begins in darkness and will end in darkness,
And anything you see on the surface of the earth
Was once a liquid.
I am blessed with this wisdom without school,
By my observations and curiosity I teach myself.

The light that God blessed me with
Is the reason people can't stop loving me.
It's also the reason why
the jealous ones keep hating me.
I see the light within me
But am grateful for blessings.

Through poetry I spread my wisdom,
I never see myself as a teacher,
Do not see me as one because I can't teach you.

IN POESIA SAGGEZZA

Tu sei più di quello che io penso tu sia,
io sono più di quello che tu pensi che io sia…

Cerca di capire che non sono perfetto,
ti ho capito leggendo la tua mente
dalla prima tua parola…

Il più sciocco di noi è colui
che dice di sapere tutto,
anche chi è ispirato cerca ispirazione.
Il genio fa più domande, solo un pazzo
è orgoglioso della sua incapacità di comprendere.

La vita comincia nel buio e si concluderà nel buio
e tutto quello che vedi sulla superficie della terra
era una volta un liquido.
Io sono benedetto per questa saggezza senza scuola,
con le mie osservazioni e curiosità io mi educo.

La luce con cui Dio mi ha benedetto è la ragione
per cui le persone non possono smettere di amarmi,
è anche la ragione per cui
i gelosi continuano a odiarmi.
Io vedo la luce dentro di me,
ma sono grato per le benedizioni.

Attraverso la poesia ho diffuso la mia saggezza,
non mi sono mai visto come insegnante,
non credermi tale perché non posso insegnarti.

I never feel like I know all the answers,
because that would be a lie.
I just feel I have a message to spread,
I do it in simplicity and in a humble manner…

Without moderation in our messages
Our audience may judge us differently,
Let your voice be heard.
Don't deny people opinion,
Communication is the cheapest,
But there is no understanding
if we refuse to listen…

Read everything you see,
Question everything you read,
Curiosity is part of intelligence,
Don't believe everything you read!

Non credo di conoscere tutte le risposte, perché questa sarebbe una menzogna.
Solo sento di avere un messaggio da diffondere,
lo faccio in semplicità e con umiltà…

Senza moderazione nei nostri messaggi,
il nostro pubblico può diversamente giudicarci,
lascia che la tua voce venga sentita,
non negare l'opinione della gente.
La comunicazione è la cosa più economica,
ma non c'è comprensione,
se ci rifiutiamo di ascoltare…

Leggi tutto quello che vedi,
metti in dubbio tutto quello che leggi.
La curiosità è parte dell'intelligenza,
non credere a tutto quello che leggi!

TRUSTWORTHY

According to our attitudes we should be judged
Not according to our skin color,
Not according to our financial status,
Not according to our religious beliefs.

A man who is trusted by many
Will be loved by many,
Will be hated by many,
It's up to him to be brave and carry on…

In the darkest moments of your life
Your heart will be your light,
And your mind will be
The power house of your heart.
It takes a brave person
To ignore criticism,
But it takes a stronger person
To face criticism
And handle it in a wise and calm manner.

FIDATO

Per le nostre azioni dovremmo essere giudicati,
non per il colore della nostra pelle,
non per la nostra situazione finanziaria,
non per le nostre credenze religiose.

Un uomo che è creduto da molti
sarà amato da molti,
sarà odiato da molti,
tocca a lui essere coraggioso e tirare avanti…

Nei momenti più bui della tua vita
il tuo cuore sarà la tua luce
e la tua mente sarà
la centrale di luce del tuo cuore.
Ci vuole una persona coraggiosa
per ignorare le critiche,
ma ci vuole una persona più forte
per affrontare le critiche
e gestirle in maniera saggia e calma.

DARK CLOUDS OVER SUNSHINE

Dark cloth over my shadow,
My future is unseen:
Although am full of ambitions
Yet am hopeless!
Seems like someone unseen
is stepping on my dreams…

Dark clouds over sunshine.
Will I live to see the light?
Will the beauty of the sun shine for me?
I wish someone can give me back my hope,
It seems like the sun is out but I can't see it.

Dark cloth over my shadow,
Words buried in me like prisoners
Pushing and pulling each other,
Trying to break free.

My brain is filled with words
Yet am out of words
Tears dried in my eyes
but wet in my heart.
Silent tears
Silent like a butterflies…

Dark clouds over sunshine
It feels like salt in the rain.
How long will life be this terrible?
Efforts seems worthless,

NUVOLE SCURE SUL SOLE

Un panno scuro sopra la mia ombra,
il mio futuro è invisibile,
sebbene io sia pieno di ambizioni,
sono anche senza speranza!
È come se qualcuno non visto
stesse calpestando i miei sogni…

Nuvole scure sul sole.
Vivrò per vedere la luce?
Splenderà per me la bellezza del sole?
Vorrei che qualcuno mi restituisse la speranza,
pare che fuori ci sia il sole, ma io non lo vedo.

Un panno scuro sopra la mia ombra,
parole sepolte in me come prigionieri
che si spingono e tirano a vicenda,
cercando di liberarsi.

Il mio cervello è pieno di parole,
eppure io sono senza parole.
Lacrime asciutte nei miei occhi,
ma bagnate nel mio cuore,
lacrime silenziose,
silenziose come farfalle…

Nuvole scure sul sole,
la sensazione è quella del sale sotto la pioggia.
Per quanto tempo la vita sarà così terribile?
Gli sforzi sembrano inutili,

Friends seems nightmares,
Lovers seems haters,
Light seems darkness.

Dark clothes over my shadow,
Everyday I try,
Every time I get near,
Everything I do,
It seems someone's pulling me off.

Dark clouds over sunshine,
Sometimes I feel weak and hopeless,
Sometimes I feel strong and hopeful,
Sometimes I feel something's telling me that
In every catastrophe there must be a survivor…

Likewise in every controversial situation
there must be a way out,
So don't be stupid,
keep your smile from that corner…

gli amici paiono incubi,
gli amanti sembrano nemici,
la luce par buio.

Panni scuri sopra la mia ombra,
ogni giorno io cerco,
ogni volta che ci arrivo vicino,
ogni cosa che faccio,
pare che qualcuno mi stia strappando via.

Nuvole scure sopra il sole,
a volte mi sento debole e senza speranza,
a volte mi sento forte e pieno di speranza,
a volte sento qualcosa che mi dice che
in ogni catastrofe ci deve essere un sopravvissuto.

Allo stesso modo in ogni situazione controversa
ci deve essere un modo per uscirne,
perciò non essere stupido,
mantieni il tuo sorriso da quell'angolo…

HOME IS WHERE YOUR HEART BEATS

When those soft lips of hers touched mine
I forgot everything around me,
I felt the sweetest touch ever.

My heart skipped a bit,
My emotions woke up.

When she opened the windows of her heart,
I saw my true image through her,
I felt lost in her vision.

The sweetest lost of my life
So I didn't want to be found…

When she spoke to me, she said:

"For you I'll never return to the land of my ancestors,
For you I'll remain in the diaspora forever,
For you I'll sacrifice my life!"

When those soft lips of hers
touched mine, she said:

"Am sorry if you feel my weight on you,
Am falling with a high speed,
Am sure am falling straight in your warm arms,
Do not let the rocks be my hostess!"

CASA È DOVE IL TUO CUORE BATTE

Quando quelle sue labbra morbide toccarono le mie,
dimenticai tutto intorno a me,
sentii il tocco più dolce che mai.

Il mio cuore fece un piccolo salto,
le mie emozioni si destarono.

Quando lei aprì le finestre del suo cuore,
vidi la mia vera immagine attraverso di lei,
mi sentii perduto nella visione di lei.

Lo smarrimento più dolce della mia vita,
così non volli essere ritrovato…

Quando mi parlò, lei disse:

"Per te non tornerò mai più nella terra dei miei avi,
per te io resterò in diaspora per sempre,
per te io sacrificherò la mia vita!"

Quando quelle sue labbra morbide
toccarono le mie, lei disse:

"Sono spiacente se tu senti il mio peso su di te,
sto cadendo a grande velocità,
sono sicura che cadrò dritta nelle tue braccia calde,
Non lasciare che siano le rocce a ricevermi!"

When those soft nipples of hers
touched my chest, I said:

"With you in my life
We are neither strangers nor foreigners.
I'll approve anything you desire!"

When I opened the windows of my heart,
Her eyes became wide opened, staring at me.
I said:

"Home is where your heart beats,
I'm your heartbeat, and
You're my heartbeat,
We're qualified citizens of love!"

When I spoke to her, I said:

"I'm falling
And am not scared of falling
As long as I'm falling together with you.
In our comfort zone we'll reach
without a scratch on our backs
I'm your Mr. Satisfaction guarantee
You're my Miss satisfaction guarantee!"

Around the candle light we sat,
On the cold ground we hold hands,
Our shadows already kissing.

I said:

Quando quei suoi capezzoli morbidi
toccarono il mio petto, Io dissi:

Con te nella mia vita,
non siamo né estranei né stranieri,
esaudirò ogni tuo desiderio!"

Quando aprii le finestre del mio cuore,
i suoi occhi si spalancarono, fissandomi.
Io dissi:

"Casa è dove il tuo cuore batte,
io sono il battito del tuo cuore e
tu sei il battito del mio cuore,
noi siamo cittadini dell'amore qualificati!"

Quando parlai con lei, io dissi:

"Sono caduto
E non ho paura di cadere
Finché sto cadendo insieme a te,
Nella nostra zona di comfort arriveremo
senza un graffio sulla nostre schiene.
Sono il tuo Signor Garanzia di Soddisfazione.
Sei la mia Signorina Garanzia di Soddisfazione!"

Intorno al lume di candela ci sedemmo,
sulla terra fredda ci tenemmo per mano,
le nostre ombre già si baciavano…

Io dissi:

"It takes us a second to see the beauty of a face
But it takes us months or years
to see the beauty of a heart…"

She said:

"I don't need the sunshine,
I recognize the beauty of your heart
with just a candle light"

I said:

"Your colors of love are more brighter than the sunshine,
Am not getting you naked just to lick your wound
But to express my love to you in actions!"

"Ci vuole un secondo per vedere la bellezza di un volto
Ma ci vogliono mesi, anni
per vedere la bellezza di un cuore…"

Lei disse:

"Non ho bisogno del sole,
Riconosco la bellezza del tuo cuore
anche solo al lume di candela!"

Io dissi:

"I colori del tuo amore sono più luminosi del sole,
non ti spoglio solo per leccare la tua ferita,
ma per esprimere nei fatti il mio amore per te!"

I REMEMBER

I can't remember till I was born,
But I can't forget
things I've done in my childhood.

I remember
My first day at daycare at the age of four,
My first teacher singing to us:

"Good, better, best,
Good, better, best,
I shall never rest,
Until my good is better
And my better is the best."

I remember
Playing with my uniform
using it as a fishing line,
Until it dropped in a ditch;
Coming home with a dirty shirt,
Mom pulling my ear, tell me not to put my uniform in the dirt again.

I remember
My first year at the primary school,
Carrying my chair to school,
Writing with a pencil
and an exercise book on my lap.

I remember…

RICORDO

Non ho ricordi fino a che non sono nato,
ma non posso dimenticare
le cose che feci nella mia infanzia.

Ricordo
Il mio primo giorno al nido, a quattro anni,
Il mio primo insegnante che ci cantava:

"Buono, migliore, ottimo,
buono, migliore, ottimo,
io mai riposerò,
finché il mio buono non sarà migliore
e il mio migliore non sarà ottimo."

Ricordo
che giocai con la mia divisa
usandola a mo' di lenza,
finché non cadde in un fosso,
che tornai a casa con la camicia sporca
che la mamma mi tirò le orecchie e mi disse di non mettere più la mia divisa nella sporcizia.

Ricordo
il mio primo anno alla scuola primaria,
che portai la mia sedia a scuola,
scrissi con una matita
e un quaderno in grembo.

Ricordo...

My third year at the primary school,
I dodged the whole academic year.

I remember
Telling my mother not to hit me,
Convincing her that I won't do it again:

"Mommy things you're saying now
I've heard you said it before..."

I remember
Spending three days at the hospital, and
when I was released on the referendum day in 1996.

I remember
In 2001 during the period of Ramadan
I jumped from the bridge
Into the river when I couldn't swim,
I almost drown at the beach,
I was saved by a friend,
I was beaten by the police after being saved.

I remember…

My first poem at high school,
The same poem that gave me more respect from students and teachers:

"Whatever you're doing, do it well,
Even when you're lying, you have to be serious,
But the truth always reveals itself,

il mio terzo anno alla scuola primaria,
marinai l'intero anno scolastico.

Mi ricordo
che dissi a mia madre di non picchiarmi,
convincendola che non l'avrei fatto più:

"Mamma, le cose che stai dicendo ora
ti ho sentito dirle prima nel passato…"

Mi ricordo
che passai tre giorni in ospedale
e fui dimesso il giorno del referendum del 1996.

Mi ricordo,
nel 2001 durante il Ramadan,
che saltai dal ponte
dentro il fiume quando non sapevo nuotare,
arrivai quasi annegato sulla spiaggia,
fui salvato da un amico,
fui picchiato dalla polizia dopo essere stato salvato.

Mi ricordo…

la mia prima poesia al liceo,
La stessa poesia che mi ha guadagnato la stima di studenti e insegnanti:

"Qualunque cosa tu stia facendo, falla bene,
anche quando menti, devi essere serio,
ma la verità si rivela sempre.

When you're lying,
You carefully speak your mind.
When your tongue slips,
It mistakenly speaks your heart,
And that becomes the truth."

I remember
On every Commonwealth Day,
We used to march across the whole town
With many food in our hands,
Singing many songs,
including the British national anthem.

Quando stai mentendo
esprimi il tuo pensiero con cura.
Quando fai un lapsus,
senza volere fai parlare il tuo cuore
e quella diventa la verità."

Mi ricordo
che ad ogni giornata del Commonwealth
eravamo soliti marciare per l'intera città,
con tanto cibo nelle nostre mani,
cantando molte canzoni,
tra cui l'inno nazionale britannico.

TEARS AND SMILES

Real tears,

Fake tears…

All tears make me feel sad…

In the end

Real tears make me feel happy.

In the end

Fake tears make me feel anger…

Real smiles

Fake smiles…

All smiles are beautiful

In the end

Real smiles remain beautiful.

In the end

Fake smiles turn nightmares…

LACRIME E SORRISI

Lacrime vere,

False lacrime…

Tutte le lacrime mi fanno sentire triste…

Alla fine

le lacrime vere mi fanno sentire felice.

Alla fine

Le lacrime finte mi fanno sentire la rabbia…

Sorrisi veri.

falsi sorrisi…

Tutti i sorrisi sono belli…

Alla fine

i sorrisi veri rimangono belli.

Alla fine

i sorrisi falsi diventano incubi…

LOVE IS A BURNING FLAME

Love is light,
Light and weak,
Like a feather.

Love is heavy,
Heavy and strong,
Like an elephant

Love is fragile,
Fragile and easy,
Like an egg.

Love has heat,
Heat and flames,
Like fire.

Love is silent,
Silent and calm,
Like a butterfly.

Love is color blind
Blind and willing,
Like an owl

Love has a vision
Vision and mission,
Like a spider .

L'AMORE È UNA FIAMMA CHE BRUCIA

L'amore è luce,
leggero e debole,
come una piuma.

L'amore è pesante,
pesante e forte,
come un elefante.

L'amore è fragile,
fragile e facile,
come un uovo

L'amore ha calore,
calore e fiamme,
come il fuoco.

L'amore è silenzioso,
silenzioso e tranquillo,
come una farfalla.

L'amore è daltonico,
cieco e volenteroso,
come una civetta.

L'amore ha una visione
una visione e missione,
come un ragno.

SHADOWS IN LOVE

When you love someone,
You always have the
Shadows of their eyes
On every cloth you wear.
If someone loves you,
You become a shadow
In everything they do.

Mentally and physically.

Your smiles remain,
Permanent pictures
In their minds,
Their heartbeats continue,
Beating in your mind,
Like an unstoppable drum.

OMBRE IN AMORE

Quando ami qualcuno,
tu hai sempre le
ombre dei suoi occhi
su ogni panno che indossi.
Se qualcuno ti ama,
tu diventi un'ombra
in tutto ciò che fa lei.

Mentalmente e fisicamente.

I tuoi sorrisi rimangono
immagini permanenti
nella sua mente,
i battiti del suo cuore continuano
a battere nella tua mente,
come un tamburo inarrestabile.

CANNIBAL LOVE

In the battle of love
You must stand your ground,
Never trust a stranger
In a strange country,
On a strange day.

But like any other thing in life
You must first give it a try,
Before saying no.

Know when to run
And when to fight,
Know when to agree
And when to disagree.

Think twice before you talk,
Think twice before you walk,
Know where to eat,
Know where to sleep.

Why careful?
Why second thoughts?
Why mistrust?
Why safety first? Because

It's dangerous to be insane
When you are surrounded by cannibals.
If you lose your stand
They will eat your raw heart up…

AMORE CANNIBALE

Nella battaglia dell'amore
devi farti valere,
non fidarti mai di uno sconosciuto
in un paese strano,
in uno strano giorno.

Ma, come ogni altra cosa nella vita
all'inizio devi tentare,
prima di dire no.

Sappi quando correre
e quando combattere,
sappi quando essere d'accordo
e quando dissentire.

Pensaci due volte prima di parlare,
pensaci due volte prima di camminare,
sappi dove mangiare,
sappi dove dormire.

Perché stare attenti?
Perché ripensamenti?
Perché sfiducia?
Perché la sicurezza prima? Perché

è pericoloso essere folle
quando si è circondati da cannibali.
Se perdi la tua posizione
si mangeranno il tuo cuore crudo…

THE TALKING PEN

When I hold the pen,
I see, I feel, I know
The life I've chosen:
Reaching people heart.
Trying to ail everyone with the truth.
Some appreciate it,
Some only see my appearance.

When I hold the pen,
That spiritual touch reaches my heart.

Every time I write
I see the magic work of my holy pen.
Seems someone up there
is putting inspirations in my head,
Words singing in my mind
Like the roar of a thunder.

When I hold the pen
Someone's heart
Must sink in emotional joy.
A friend told me: *"Lamin life is hard."*
I told him: *"Yeah, and it's harder if we are stupid."*

When I hold the pen,
I feel that holy wisdom in my magic brain
Although am an alien
But it never ails me…

LA PENNA PARLANTE

Quando tengo la penna,
io vedo, io sento, io so
la vita che ho scelto:
arrivare al cuore delle persone,
cercando di ferire tutti con la verità.
Qualcuno lo apprezza,
qualcuno vede solo il mio aspetto.

Quando tengo la penna,
quel tocco divino arriva al mio cuore.

Ogni volta che scrivo
vedo il lavoro magico della mia penna sacra,
come se qualcuno lassù
mettesse ispirazioni nella mia testa,
parole che cantano nella mia mente
come il rombo di un tuono.

Quando tengo la penna,
il cuore di qualcuno
deve affondare in gioia emozionante.
Un amico mi ha detto: *"La vita Lamin è dura."*
Gli ho detto: *"Sì, ed è più difficile se siamo stupidi."*

Quando tengo la penna,
sento quella sacra saggezza nel mio cervello magico,
anche se sono un alieno,
ma questo mai mi addolora…

When I hold the pen,
I feel sick.

Female offspring
Make themselves dregs of humanity,
Male offspring find it hard to make a choice…

Am not a hooligan,
Am just that magic pen
Painting the blue skies with holy words…

Quando tengo la penna,
mi sento male.

Progenie femminili
si fanno feccia dell'umanità,
progenie maschili trovano difficile fare una scelta…

Non sono un hooligan,
sono solo quella penna magica
che dipinge i cieli blu con parole sante…

THE SCAPEGOAT

The action of a sinner,
Is an inspection to the preacher.

Listen closer to your mind:
You will find your heart.

When right seems wrong,
When wrong seems right,
Careful remain certain.

The weakness of a fool
Is the strength of the con artist.

The silence of the scapegoat
Is a relief to the felon.

Those fingers
that drops ink on hearts
Are mine.

Those eyes that sees the talking pen,
Are yours.

IL CAPRO ESPIATORIO

L'azione di un peccatore,
è un esame per il predicatore.

Ascolta più da vicino la tua mente:
troverai il tuo cuore.

Quando a destra sembra sbagliato,
quando sbagliato sembra giusto,
l’attenzione rimane certezza.

La debolezza dello stolto
è la forza dell’imbroglione..

Il silenzio del capro espiatorio
è un sollievo per il criminale.

Quelle dita
che fan cadere gocce di inchiostro sui cuori
sono le mie.

Quegli occhi che vede la penna parlante,
sono i tuoi

COLD WORLD

Unfortunately:
Strange Blacks,
Strange Whites,
Strange Yellows,
Strange Reds.

We are all strange.

We all put on the same shoe,
We all wear the same dress,
We all say the same words.

Then we all say that
Strange Whites are racist,
Strange Blacks are ugly,
Strange Yellow men are stupid,
Strange Red men are smart.
I say that we are all equal.
We are all in the garden of love. But
Only the eyes that look
at everyone with an equal sight,
can see the true meaning of life.

MONDO FREDDO

Purtroppo:
straNieri, StraNeri,
StraBianchi,
StraGialli,
StraRossi.

Siamo tutti strani.

Indossiamo tutti la stessa scarpa,
noi tutti portiamo lo stesso vestito,
noi tutti diciamo la stesse parole.

Allora noi tutti diciamo che
I Bianchi strani sono razzisti,
i Neri strani sono brutti,
gli strani uomini Gialli sono stupidi,
gli strani uomini Rossi sono intelligenti.
Io dico che siamo tutti uguali.
Siamo tutti nel giardino dell'amore. Ma
Solo gli occhi che guardano
tutti con uno stesso sguardo,
possono vedere il vero significato della vita.

IN MY LIFE

I have a heart
Brave like a lion,
Tame like a dove.

I have a mind,
A clear conscience
Full of thoughts.

I have a soul
Strong like an iron,
Soft like cotton

I have a voice
Willing to inspire the vast.

I have a hand
Ready to give
And receive.

I'll be bored without good friends,
I'll be dumb if I stop making mistakes,
I'll be on the wrong path if I stop listening,
I'll be judged if I keep judging others,
I'll be crying if I lose my girlfriend

I'm the flower that grows on the middle of the road,
I'm the sword among wild animals,
I'm the angel that walks with you all your life,

NELLA MIA VITA

Ho un cuore
coraggioso come un leone,
docile come una colomba.

Ho una mente,
una coscienza pulita,
piena di pensieri.

Ho un'anima
forte come il ferro,
soffice come cotone.

Ho una voce
che vuole ispirare l'immensità.

Ho una mano
pronta a dare
e ricevere.

Mi annoierò senza buoni amici,
sarò sciocco se smetto di fare errori,
sarò sulla strada sbagliata se non ascolto più,
sarò giudicato se continuo a giudicare gli altri,
mi metterò a piangere se perdo la mia ragazza.

Sono il fiore che cresce in mezzo alla strada,
sono la spada tra gli animali selvatici,
sono l'angelo che cammina con te per tutta la vita,

I'm the survivor that crossed the desert
without a drop of water,
I'm the hero who fights
without a sword but with his heart.
.

In my life
I see
Terrorists fighting against terrorism.

In my life
I see
Good friends turn bad,
Bad friends turn good.

In my life
I see
A friend being shot to death.

In my life
I see
Poor people eating and drinking
From stagnant water.

In my life
I see
Newly born babies going
Through X Ray machines.

If you want to know the truth
Do your own research

sono il sopravvissuto che ha attraversato il deserto,
senza una goccia d'acqua.
Sono l'eroe che combatte
senza una spada ma con il suo cuore.

Nella mia vita
vedo
terroristi che combattono contro il terrorismo.

Nella mia vita
vedo
buoni amici divenuti cattivi,
cattivi amici divenuti buoni.

Nella mia vita
vedo
un amico che viene colpito a morte.

Nella mia vita
vedo
povera gente mangiare e bere
da acqua stagnante.

Nella mia vita
vedo
bambini appena nati passare
attraverso macchine ai raggi X.

Se vuoi sapere la verità,
fa' la tua ricerca personale.

If you want to tell the truth
Say no to bribery.

If you want to inspire others,
Be inspired first.

If you want to be intelligent
Read everything, and
Question everything you read.

If you want to live long,
Don't satisfy your ego but
Satisfy your emotions.

Se vuoi dire la verità,
di' di no alla corruzione.

Se vuoi ispirare gli altri,
lasciati ispirare…

Se vuoi essere intelligente,
leggi tutto e
metti in dubbio tutto quello che leggi.

Se vuoi vivere a lungo,
non saziare il tuo ego ma
soddisfa le tue emozioni.

FREE STYLE

Doing what you love is freedom,
Loving what you do is happiness,
Conquering what you fear is bravery,
Fearing what you conquer is love.

Love is the ultimate,
Bravery sometimes is stupidity,
Happiness is a medicine to our soul,
Freedom is a must…

Children like ice creams,
Boys like playing different games
Girls like
Make-ups,
Pretty shoes and
Fashion.
Parents work hard to buy everything.

Parents love kids,
Kids love toys,
Girls love boys,
Boys love games.

Some children are brown,
Their aim is to play,
Some children are white,
Their aim is to fly.

Some children are yellow,

STILE LIBERO

Fare quello che ami è libertà,
amare ciò che fai è felicità,
conquistare ciò che temi è coraggio,
temere quello che conquisti è amore.

L'amore è la cosa definitiva,
il coraggio è a volte stupidità,
la felicità è una medicina per la nostra anima,
la libertà è un dovere…

I bambini amano i gelati,
i ragazzi amano fare giochi diversi,
le ragazze amano
trucchi,
scarpe belle e
moda.
I genitori lavorano duramente per comprare tutto.

I genitori amano i bambini,
i bambini amano i giocattoli,
le ragazze amano ragazzi,
i ragazzi amano i giochi.

Alcuni bambini sono marroni,
il loro fine è quello di giocare,
alcuni bambini sono bianchi,
il loro scopo è quello di volare.

Alcuni bambini sono gialli,

Their parents are not rich.
Some children like ice creams,
And others like bread

Are you from India,
Are you from Africa,
Are you from Europe,
Are you from America?

We are all in the garden of love,
We can no longer afford
To worship the god of hate!

No matter,

No matter how high a plane flies,
It can never turn to a bird.

No matter how long a bird remains in the air,
It can never make a nest in the cloud.

No matter how long a wood remains in the pond,
it can never turn to a crocodile.

No matter how excellent a doctor can cure,
He can never create life.

No matter how long we live,
We will not live forever.

No matter how pretty a woman is,

I loro genitori non sono ricchi.
Alcuni bambini amano i gelati
e altri amano il pane.

Sei dell'India,
Sei dell'Africa,
Sei dell'Europa,
Sei dell'America?

Siamo tutti nel giardino dell'amore,
non possiamo più permetterci
di adorare il dio dell'odio!

Non importa,

non importa quanto un aereo vola alto,
non potrà mai diventare un uccello.

Non importa quanto tempo un uccello resta in aria,
non potrà mai fare un nido nelle nuvole.

Non importa quanto un ramo resta nello stagno,
non potrà mai diventare un coccodrillo.

Non importa come un eccellente medico può curare,
non potrà mai mai creare la vita.

Non importa quanto a lungo viviamo,
non vivremo per sempre.

Non importa quanto è bella una donna,

She can never be as beautiful as fire.

No matter how intense a woman loves you,
It can never be as intense as the love of your mother.

No matter how difficult life is
It can never last forever,
because even life is temporal.

No matter how tall a man is,
He can never touch the sky.

No matter how dark my skin is,
It can never be as dark
as the heart of a racist!

non potrà mai essere bella come il fuoco

Non importa quanto intensamente ti ama una donna,
non potrà mai amarti come tua madre.

Non importa quanto è difficile la vita,
non potrà mai durare per sempre,
perché anche la vita è temporale.

Non importa quanto alto è un uomo,
egli non potrà mai toccare il cielo.

Non importa quanto scura è la mia pelle,
non potrà mai essere tanto scura
quanto il cuore di un razzista!

FREE YOURSELF!

Bloody world
On a sunny day.
Just like a bad idea
On a good day.
Rainbow through my window,
Rose flower at my doorstep.
No one can stop you but your actions.
And if you are smart,
They can also free you.
Peace at any cost
Is tantamount to slavery.

She said:

All the goodness and mercy,
Of my prayers,
Shall follow you,
All the days of your life.

Her tears keep falling
From her eyes.
In my ears,
Her words keep dwelling.

Through her footsteps,
I pave my way.
Motherly love
Will be my torch
In the dark.

LIBERATI!

Mondo di sangue,
in una giornata di sole.
Proprio come una cattiva idea
in una buona giornata.
L'arcobaleno fuori dalla finestra,
un fiore di rosa alla mia porta,
nessuno ti può fermare, se non le tue azioni.
E se sei intelligente,
quelle possono anche liberarti.
La pace ad ogni costo
equivale alla schiavitù.

Lei disse:

Tutta la bontà e la misericordia,
delle mie preghiere,
ti seguiranno,
tutti i giorni della tua vita.

Le sue lacrime continuano a cadere
dai suoi occhi.
nelle mie orecchie,
le sue parole continuano ad abitarvi.

Attraverso i suoi passi,
lastrico la mia strada.
L'amore materno,
sarà la mia torcia
nel buio.

From a boiled egg,
Comes a viable offspring.
On a rock
Falls a fresh egg.
Neither the egg hatch,
Nor the rock gets filthy…

Da un uovo sodo,
nasce una stirpe vitale.
Sulla roccia
cade un uovo fresco.
Non si schiude l'uovo,
né si sporca la roccia…

INDICE

Finito di stampare nel mese di Maggio 2015
per conto di Youcanprint *Self-Publishing*